जिंदगी फिर भी मुस्कुराती है....

Dr. Aradhana Bhatnagar

BookLeaf Publishing
India | USA | UK

Made with ❤ on the BookLeaf Publishing Platform
www.bookleafpub.in
www.bookleafpub.com

Dedication

समर्पण

समर्पित है मेरे प्रेरणा स्रोत मेरे माता पिता को जिन्होंने शिक्षा का महत्व बताया,परिश्रम और संघर्ष करते हुए आगे बढ़ने का पथ प्रदर्शित किया।

Preface

प्राक्कथन

ईश्वर द्वारा प्रदत्त वरदानों में सबसे अनमोल है, मनुष्य रूप में जन्म लेना। वस्तुतः हम अत्यंत सौभाग्यशाली है कि हम मानव रूप में पृथ्वी पर उपस्थित है। जन्म से लेकर मृत्यु तक इस यात्रा में हम प्रतिक्षण नवीन अनुभवों के साक्षी होते हैं। साथ ही विभिन्न प्रकार के परिणाम रुपी कर्म फलों का आस्वादन करते हैं... शायद..! जी हां शायद क्योंकि प्रत्येक परिणाम तो मनचाहे और सुखद नहीं होते ।

ऐसे ही सुख-दुख के बहुमूल्य रगों से अलंकृत है हमारा जीवन, ये चाहे अनचाहे फल ही तो जीवन जीने का हौसला और जीवन यात्रा को सार्थकता प्रदान करते है।

इन्ही उबड़ खाबड़ ,सुनहरे ,पथरीले, खट्टे मीठे ,चाहे अनचाहे ,अनुभवों को काव्य पक्तियों में संजोने का लघु प्रयास है यह काव्य संग्रह "जिंदगी फिर भी मुस्कुराती हैं...."।

Acknowledgements

आभार

ईश्वर की असीम अनुकंपा, सभी बड़ों का आशीर्वाद और परिवार के सहयोग से ही यह काव्य संग्रह संभव हो पाया है।
अपने सुपुत्र दिव्यांश की विशेष आभारी हूँ, जिसके तकनीकी सहयोग से ही यह काव्य संग्रह मूर्त रूप ले पाया है।
आभारी हूं book leaf publication की भी , जिन्होंने इस काव्य संग्रह को प्रकाशित करने में महत्वपूर्ण भूमिका निभाई है।

1. यह मैं हूं

काव्य संग्रह का श्री गणेश मैं अपने स्वयं के संक्षिप्त परिचय से कर रही हूं। प्रस्तुत पंक्तियों कवियत्री के व्यक्तित्व को समझ कर पाठकों से तारतम्य में स्थापित करने में सहायक होगी। प्रस्तुत है कविता " यह मैं हूं"

रघुकुल कि मैं राजकुमारी रघुवीर है पितृछाया,
मिथिला कुमारी की नन्ही परी संस्कारों ने हैं मुझे पाला।
किलकारियां सी गूंजती रही और नन्हे कदम सुदृढ़ बढ़े,
पल क्षण, प्रतिपल समय चक्र निरंतर चले,
प्रतिछाया सी बहन आरती सरित प्रवाह सी आगे बढ़ी,
अर्चन वंदन नंद नंदन हर क्षण हाथ थामे रही।
सूरज प्रकाश फैल गया वधू रूप झिलमिलाने लगा,
सरल सरला का आशीष चहूँ ओर महक गया।
शीशधरा आशीष, प्रदीप मीनाक्षी अटल प्रबल संबल,
स्नेह मिला जीवन प्रवीण राजीव सा खिल गया, चित्रालय रश्मियों से सज गया।
मन की डोर से खींची चली आई, राज की ईश हुई,
साथ मिला जब प्रिय का कंचन कुंदन सी सज गई।
मातृत्व का एहसास जिया दिव्य अंश जो प्राप्त हुआ,
अनमोल है यह रत्न, स्तुतिमय संसार हुआ।

प्यार के बंधन से खिल गया मन का उपवन,
सज गए हैं रंग सभी, ईश्वर भक्ति का वरदान मिला1
मां, बहन, पत्नी और बेटी, हर रूप में आशीर्वाद मिला,
ईश्वर की हूं आराधना, मुझको भक्ति का वरदान मिला।

2. भोग्या नही आदरणीया

नारी की अस्मिता पर दाग, क्रूर अत्याचार, जघन्य अपराध, तन से ज्यादा मन है घायल। निर्भया जैसी घटनाएं क्यों आम होती जा रही है? पूछे प्रश्न स्वयं से। ढूंढे समाधान.....नन्ही कलिकाओं से लेकर वृद्धाओं तक.....! और फिर कभी पहनावे को दोष,कभी देर,कभी समय, कभी रात होने के कारण, ...!! बंद करे ये ढोंग। सुधारे अपनी मानसिकता। रक्त रंजित देह, टूटे दिल, सिसकती कोमलता, घुटी हुई सुबकती सिसकियों की निरीह याचना है "भोग्या नहीं आदरणीया"

हर तरफ है हाहाकार, करुणक्रंदन और चीत्कार,
तबाही का सा मंजर है, प्रलय का फैला कारोबार।
कैसा है ये युग परिवर्तन और प्रगति का आगाज?
आधुनिक है जीवन शैली और आधुनिक ही है आवाज़।
भूल गए सब मानव मूल्य खो गए है संस्कार,
"यत्र नारियंतु पूज्यंते" के देश मे नारी का हो रहा तिरस्कार।
ना रहा कोई उम्र का बंधन, ना शेष रिश्तों की मर्यादा है,
कुचल दिया नन्ही कलिकाओं को, कलुषित माताओं का आंचल है।
वहशी दरिंदो की बस्ती मे घर परिवार हो रहे जंगल है,
तन तो जार जार है, क्षत विक्षत आत्मा और मन है।
ऐसी चली है आंधी की हर क्षण आशंका सी रहती है,

हर गली मोहल्ले मे कितनी ही "निर्भया"सब सहती है।
इस अनाचार का कोई अंत नहीं, क्या यूं ही चलता जायेगा?
कोई कृष्ण इस चीर हरण को क्या कभी ना रोक पायेगा?
अब तो नारी को ही परिवर्तन का अलख जगाना होगा,
पुत्र, पति, भाई या पिता प्रत्येक पुरुष को झिंझोड़ना होगा।
प्रत्येक माता, पत्नी, बहन और पुत्री अपने मन में ठान ले,
शैने शेन ही सही सोच बदलने की कठोर प्रतिज्ञा का संकल्प ले।
अपने चारो ओर नजर घुमाए देखे अपने आस पास,
बदलने को मानसिकता करने होंगे भागीरथी प्रयास।
जो कमजोर समझे उसको शक्ति का बिगुल सुनाएंगे,
नारी भोग्या नही आदरणीया है यह समभाव जगाएंगे।
ना फिर कोई रावण कभी सीता का हरण कर पाएगा,
नारी गरिमा का गौरवशाली इतिहास पुनः
दोहराया जायेगा।

3. घरौंदा

समझौतों की डगर पर चलते-चलते, कड़वे अनुभवों के कालकूट को ग्रहण करते हुए हम यूंही जीवन जीते रहते हैं। उलझनो के बीच कई बार अनायास ही प्रकृति प्रदत वरदान स्वरुप संदेश समाधान दे जाते हैं। ऐसा ही कुछ हुआ जब एक नन्ही चिरैया जीवन को सहज जीने का सुमार्ग इंगित कर गई। गूढ दार्शनिक विचारधारा का बहुत ही सीधा साधा प्रस्तुतीकरण है कविता, " घरौंदा " प्रत्येक मनुष्य के पाथेय पथ को अग्रसर करती पंक्तियां "घरौंदा"

बैठी थी घर की बगिया में, अलसाई सी सुबह लिए,
घूम रही थी मन के आंगन में अनंत विचार थे संग चले।
जीवन की उलझन में थी, घुमड़ती लहरों की उथल-पुथल थी,
अनेक थे विचार और असंख्य थी चिंताएं भी।
कोई सिरा ना मिल रहा था, चक्रव्यूह सी फंस गई,
तभी नन्ही चिड़िया की चहचहाहट से विचार श्रृंखला भंग हुई।
देखा तो एक नन्ही चिड़िया पेड़ों में आकर बैठ गई,
चोंच में दबाए कुछ तिनके एकत्रित करने लग गई।
कुछ ही पल में ढेर लग गया नव सृजन की शुरुआत हुई,
थकन ना क्रंदन, बस अपने हेतु में मगन रही।
कुछ तिनके गिरे, कुछ संभाल कर सजा दिए,
जो ना आकार ले पाए झटके से से हटा दिए।

धीरे-धीरे सजने लगे तिनके और आकार का रचने लगा,
घुमा घुमा कर चोंच को अपनी घर घरौंदा बनने लगा।
सांझ को देखा तो मैंने सुघड़ घरौंदा तैयार था,
निरंतर परिश्रम का स्वर्ण परिणाम प्रत्यक्ष था।
इस नन्हे पक्षी ने मुझको जीवन का सार सीखा दिया,
सहज ही जीवन जीने का गुरु मंत्र समझा दिया।
त्याग दे उस निरर्थक को, या जो मन को करता व्यथीत है,
स्वीकार कर और अपना ले उस प्राप्य को, जो जीवन मै बहुत जरूरी
है।

4. सोना और पीतल

प्रत्येक चमकने वाली वस्तु सोना नहीं होती। इसी उक्ति को चरितार्थ करती कविता है "सोना और पीतल "। जीवन रण में पल प्रतिपल सोना और पीतल से साक्षात होते ही रहते हैं। ऊपरी रंग रूप, बाहरी चकाचौंध से कभी दिग्भ्रमित हो जाए तो वास्तविकता के कठोर धरातल पर करलें अग्नि परीक्षा...परिणाम स्वत ही सत्यता उजागर कर देगा।

पीपल में बहुत चाहा कि वह सोना बन जाए, रंग रूप तो सजा लिया
सोने सा यू दिखने लगा।
फिर चमक और चकाचौंध में सोने से आगे निकल गया,
चीख चीख कर चिल्ला चिल्ला कर अपने गुण बखान करने लगा।
चुप्पी साधे सोना मूकदर्शक सा रह गया,
खूब हुआ तमाशा, सोना पर चमक खोने का भी कलंक लगने लगा।
पीतल खूब बिकने लगा और सोना चमक खोने लगा,
फिर एक दिन कठिन परीक्षा की घड़ी आ गई...!
सामना हो गया कसौटी से, अग्नि परीक्षा होने लगी,
आग में जब तपने लगे, कसौटी पर परखे जाने लगे।
हाय असल सामने आने लगा, सच्चाई भी उधड़ने लगी,
रगड़ रगड़ कर घिस घिस कर सोना और निखरने लगा।
पर पीतल काला पड़ने लगा बेनकाब होने लगा,

सोना तो चमक कर बेजोड़ बेमिसाल सरताज सा सज गया। जो
समझ सके इस गूढ़ रहस्य को, जीवन उसका बन गया,
पीतल बनो या सोने सा सजों अपने स्वभाव में ढल गया।

5. शिखर पर अकेले ही पहुंचना होगा

सिद्धांतों और जीवन मूल्यों पर अडिग रहकर लक्ष्य प्राप्ति अत्यंत ही दुरूह कार्य है। इतिहास गवाह है कि जब भी किसी व्यक्ति ने समाज से हटकर कुछ अलग करना चाहा उसके समक्ष परिहास और विरोध के स्वर मुखर हो जाते हैं। पथ पर स्वयं को अकेला खड़ा पाकर भी अग्रसर होने का साहस जुटाना पड़ता है। हर युग में सूली चढ़ाने को तत्पर विभिन्न प्रकार की बाधाओं के बीच निरंतर संघर्ष की प्रेरणा देते शब्द "शिखर पर अकेला ही पहुंचना होगा"

जो सबसे पृथक होगा
सबसे हटकर काम करेगा,
जो ना किसी से डरेगा
संभल जाओ सभी,
वही सूली पर भी चढ़ेगा।
वह जो सबसे खास है,
इसीलिए तो सबसे अलगाव है,
अरे ,देखो वही हंसी का भी पात्र है,
क्योंकि उसमें कुछ तो खास है।
जो ना भीड़ में मिल पाएगा,
लकीर नहीं पीट पाएगा,

अपनी दुनिया वही बसाएगा,
और वही दूर तलक भी जाएगा।
खीचेंगे उसे सभी नीचे गिराने को,
उपहास भी करेंगे, बद नाम से बुलाएंगे,
निंदा का रसपान करवाएंगे,
कुत्सित भाव के दंश और अवधान धरे जाएंगे।
जब जब ऐसा महसूस करने लगे तो,
स्वयं को अकेला खड़ा पाने लगे तो,
संगी साथी मुंह छुपाए ,पीछे हट जाए तो,
समझ जाना कुछ तो खास है जो बाकी सब में गायब है।
तब स्वयं संबल मृत्युंजय व्योम वेश हो जाना,
फिर अपनी राह चल, स्वयं ही लकुटिया बन जाना,
प्रस्तर पथ पर स्वयं ही आगे बढ़ जाना,
चाहे लहूलुहान हो जाए पांव तो क्या,
यही मूल्य है कुछ कर गुजरने का, और आगे बढते जाने का,
तू दाधीच बन स्वाहा: गुंजायमान करते जाना,
क्योंकि शिखर पर अकेले ही पहुंचना होगा।

6. इंसानियत

परिवर्तन और आधुनिकीकरण के युग में मानव बेजान मशीन का बनकर रह गया है। ढूढने पर भी शायद मानवता नहीं मिलती। प्रस्तर अट्टालिकाओं में मानव और मानवता की मृग मरीचिका से भटकते हृदय की पुकार है, कविता "इंसानियत"

इंसानों की बस्ती में इंसान ढूंढना मुश्किल है
हर चेहरा है रंगा हुआ असल देखना मुश्किल है,
रंग-बिरंगे चेहरे हैं तरह-तरह के रूप धरे
जीवन के रंगमंच पर, स्वांग सजाएं सभी खड़े,
हर अवसर का अलग है रंग, हर वक्त की रंगत है खास,
जब चाहा जैसा रंग लिया और जब चाहा तब बदल लिया,
इन ही बदलते चेहरों ने इंसानियत को छुपा दिया,
जब चाहा जिसको नष्ट किया और जब चाहा पुनःअपना लिया,
भूल गए सब इंसानियत को बस काया ही शेष है,
हानि लाभ के समीकरण सा, बस जीवन निशेषहै,
जो ना पहने मुखोटे ना बदल पाए चेहरों के रंग,
तो वो नाकाबिल है, उसका जीवन हो गया बदरंग
डर लगता है अब तो मुझको अपनेपन के दावों से,
कोई पहचान करना सिखाते असली नकली चेहरों से,

धोखे बाजो की बस्ती में पहचान करना मुश्किल है,
सभी है इंसान अगर तो ,क्यों इंसानियत ढूंढना मुश्किल है?

7. मेरे हिस्से का आसमान

विभिन्न प्रकार के बंधनों में बंधा यह जीवन, कभी रिश्ते, कभी परिवार, कभी उत्तरदायित्व ....। मशीन से जिंदगी में कुछ पल एकांत में बैठकर जब सोचा, क्या चाह है? क्या अभिलाषा है???? ऐसे ही उन्मुक्त पलों की उड़ान भरते मन की कुछ अतृप्त सी इच्छाएं पाले अधूरे जीवन की मृग मरीचिका है "मेरे हिस्से का आसमान"

उड़ना चाहता है यह मन, दूर उन्मुक्त गगन में,
ऊंचा, बहुत ऊंचा, बहुत दूर अनजाने देशों में।
अनजानी सी चाहत है यह, अनजानी सी प्यास है,
क्या चाहे या ना चाहे, पता नहीं किसकी तलाश है?
एकांत, निर्विध्न, निर्विकार, निरंकुश, निस्सार,
ना आलाप ना प्रालप, ना अलगाव, ना अनुराग।
एक अनंत सन्नाटा है और गहरी शांति हो,
बस मात्र मै ही मैं हूं, और संग ना कोई हो।
ना कोई मुझको रोके, ना कोई मुझको टोके,
कब, क्यों, कहां, कैसे, कौन....कोई ना मुझसे पूछे।
जीना है मुझको बस अब अपनी ही शर्तों पर,
मुट्ठी भर आसमान दे दो उड़ जाऊं अपने पंखों पर।
रंग रूप, धन दौलत, समाज और समय,
क्यों रोके हैं मेरा रास्ता? माना है यह किसलय।

मन झंकृत हो, तार सप्तक, मधुर रागिनी सा विस्मृत,
सजीला नृत्य, सुमधुर वीणा, बसंती बयार सा मधुर मधुमास।
ऐसे ही कुछ स्वप्न सुनहरे बसते हैं इस मन में,
उड़ जाऊं मैं दूर, बहुत अनजाने देशों में।

8. छलकते अश्रु

कोमल मन की पवित्र भावनाओं का प्रतीक है हमारे आंसू। प्रत्येक व्यक्ति के जीवन में अनमोल पलों के गवाह रहे हैं आंसू। भावनाओं के अतिरेक में, अत्यंत संवेदनशील मन के निश्चल भावों को प्रकट करती कविता "छलकते अश्रु"

बहुत कुछ सहते यह आंसू पर चुगली सी कर जाते हैं,
लाख छिपाया दुनिया से पर, बरबस बह जाते यह आंसू।
दुख, पीड़ा, चिंता, व्यथा हो,
मन पिघला और बह निकले यह आंसू।
कष्ट, निराशा, अवसाद में, आहत मन हो,
तो चुगली सी कर देते हैं यह आंसू।
कभी चक्षु कोर पर, उस बिंदु से बन,
पलकों के छोरों को भिगो देते हैं ये आंसू।
तो कभी झर झर झमाझम,
बारिश बन बह निकलते हैं ये आंसू।
खुशी, प्रेम, ममता, वात्सल्य,
हर जीवन का रूप दर्शाते हैं यह आंसू,
कभी खुद दिल को छू जाए तो,
गंगा जमुना बन बह जाते हैं यह आंसू।
जीवन के अद्भुत पलों को जी गए यह आंसू,

अनगिनत कहानियों के साक्षी बन गए यह आंसू।
रोते रोते बह गए और हंसते हंसते भी भीगा गए,
जीवन सतरंगी इंद्रधनुष तो सावन की मधुर फुहार है यह आंसू।
सहेज लेना यह अनमोल मोती, समझे हर भाव का मोल,
हर खुशी, हर दुख का संगम है यह, अनमोल बेशकीमती आंसू।

9. कभी धूप कभी छांव

समय निर्बाध, निरंतर चलता ही रहता है। और इसी के साथ निरंतर जीवन श्वास भी चलती रहती है। हर मौसम, हर पल, हर हाल में, बिना थके, बिना टूटे दृढ़ निश्चय के साथ लक्ष्य की ओर अग्रसर होते कदमों की आहट है "कभी धूप कभी छांव"

कभी तप्त दोपहरी सा जीवन तो कभी सांझ की छांव सा जीवन,
कभी ठंडी बयार या बारिश की मस्त फुहार सा जीवन।
कभी तेज धूप में प्यासे पंछी सा जीवन,
कटीली राहों पर ज्यों भटक रहे हो कदम।
मांजे की उलझती डोर सा व्यथीत मन,
कभी सुरीली सरगम में मस्त हो गया मगन,
तो कभी बिगड़ती ताल सा बेसुरा हो गया मन।
टेढ़े मेढ़े, उबड़ खाबड़, घुमावदार तो,
कभी सीधी सपाट अंतहीन सड़क सा हो गया जीवन।
कभी अपनों की दूरी की विरह अग्नि सा तपता तन,
और कभी मधुर मिलन के तार हो गए झंकृत।
उठते, गिरते, पड़ते, संभलते फिसलते,
गिरते, चलते, दौड़ते, रुकते या उड़ते,
पल प्रतिपल बस बीत रहा है जीवन।
श्ववासो की इस डोर में बंधे, जीवन बगिया में टहल रहे,

पतझड़, बसंत बहार, फुहार, सब रंग जीवन के जी रहे।
इन्हीं रंगों से सज कर जीवन रंग खिल गया,
पल प्रतिपल जो बदल रहा जीवन इंद्रधनुष बन निखर गया।

10. जीवन स्वयं वरदान

ईश्वर द्वारा प्रदत्त सबसे अनमोल वरदान है, जीवन।जब तब श्वास चल रही है जीवन है। क्षण प्रतिक्षण निरंतर समस्याएं भी जीवित होने का प्रमाण है।ईश्वर द्वारा प्रदत्त इस वरदान का आभार प्रकट करते हुए जीवन का सम्मान करने के भाव लिए हुए हैं कविता "जीवन स्वयं वरदान"

दूर तलक कोई आस नहीं फिर भी चलते जाना है,
रुकने का तू नाम ना ले, क्योंकि चलना जीवन की पहचान है।
है पथ पथरीला, चुभती, कंटीली डगर है,
लहूलुहान से पांव है थकान भी बेशुमार है।
तन से थक गए तो क्या, मन निराश हो टूट गया तो क्या?
साहस को संबल बना उठ, चल क्योंकि जीवन स्वयं वरदान है।
मन उपवन पतझड़ है, रीत गया सा संसार है,
कुछ पल चाहे थक जाऊं, पर ठहर जाना मना है।
सांसों का उतार-चढ़ाव है, पर निरंतर चलते जाना है,
गिर, उठ, फिर चल, संघर्ष कर, पर बढ़ते जाना है।
जब तक तन में प्राण हैं, रखना इसका मान है,
अमूल्य है यह निधि, कर श्वासो का सम्मान।
आशा का तो दीप जला, अनमोल है यह प्राण,
सहर्ष तू स्वीकार कर, यह जीवन है स्वयं वरदान।

11. परिवर्तन

वर्तमान युग तरक्की का युग है, मशीनी युग, संपूर्ण सुख सुविधा और भौतिकता पर आधारित है सफलता के मापदंड।
परिवर्तन के इस दौर में क्या खोया क्या पाया ?जीवन संतुलन कहां बिगड़ गया?
सोचने को मजबूर करती पंक्तियां हैं "परिवर्तन"

बदल गए सब जीवन मूल्य, बदल गए हैं संगी साथी,
बदल गया है मन उपवन और बदल गये जीवन का रंग।
बदल गए हैं सोच विचार,
बदल गया जीने का ढंग,
बदली बदली सी है दुनिया,
परिवर्तन का है यह दौर।
कहते सुनते हैं सभी नया है जमाना, नए हैं विचार,
अब नई हो गई है जीवन शैली, नवीन है जीवन पथ रोशन,
रंग रूप, रहन-सहन, खान पान सब है नित्य निराले,
नया चोला ओढ़ बदल गए रिश्तो के रंग,
बदल गए जीवन मायने,
बदल गए हैं मापदंड।
मैं खुद को ना बदल गई शेष रह गया खंड विखंड,
पल प्रतिपल लगता है कुछ ना कुछ छूट रहा,

तिल तिल कर कतरा कतरा छिटक रहा।
जीवन के दोराहे पर अब मानो रेत फिसल रहा,
समुद्र मंथन है यह, विष अमृत दोहन हो रहा,
किस ओर जाऊं, मैं कौन सा पथ अपनाऊ,
मन असमंजस में फंस गया,
क्या बदल जाऊं नव बयार में या अंगद पांव जमाए रहूं,
भूल जाऊं जो सीखा मैंने ,जीवन का जो आधार बना,
या बदलाव की आंधी को स्वीकार कर खुद को होम करूं?
माना झूठ फरेब पाखंड की सीढ़ियां चढ़ श्रेष्ठ कहलाई जाऊंगी,
पर खोखले रीढविहीन मूल्यों से क्या मैं सुखी रह पाऊंगी?
बहुत सोचा, बहुत समझा, देखा, सहन किया और भुगता,
पर आत्मबल को जब पाया कोई परिवर्तन न हिला पाया।
यह मृगतृष्णा के स्वर्णमृग की मारिचिका का भ्रमजाल है,
मैं तपस्वी बन जी लूंगी,
इस तपोवन में ही शांति और सुख अपार है।
इस आत्म बल से ही रोशन है, जीवन आशा उजियारा है।
सूर्य किरण सी दमक गई, संशय के सब बंधन तोड़, नई चमक
लेकर लीन हुई।
छिटक मोह तंतु तपस्वी बनके इस तपोवन में जीवन महा प्रयाण है।
निराशा के सब बंधन तोड़, छिटक गया तमस अंधियारा है,
नव सूर्य किरण अब चमक रही, सम्मुख सारा आसमान है।

12. कोई तो होता

भीड़ में नितांत अकेला, हर व्यक्ति मन की बात कहने को आतुर पर....कहे किसको? मन के मीत की तलाश को उजागर करती पंक्तियां हैं "कोई तो होता"

चाहा था मैंने कभी तो कोई होता जो मुझे भी कुछ पूछे,
चेहरे की उदासी देखें,
और आखों का गीलापन पढता, क्या चाहते हैं, क्या सोचते हैं?
सर पर हाथ फेरा तो होता। गले
लगाकर थपथपाया होता,
कोई तो कहता, तुम क्या चाहते हो? हम क्या करें तुम्हारे लिए?
सबने बस उम्मीदें ही लगायी
फर्ज मुझे सब याद दिलाए,
शर्तों पर है रिश्ते कायम,
मैं ना कभी किसी को याद आई,
जो कहना चाहा अपने मन
जब भी कुछ बोलना चाहा,
हर रिश्ते का मान घट गया,
कानों में सीसा सा पिघल गया,
शायद यही है नियति, ऐसा ही है भाग्य मिला,
निर्जन रेगिस्तान में बूंद को तरसता ही रह गया।

13. हार गई मैं

जब संघर्ष करना आत्मघाती हो जाए हथियार डाल देना और मूक समर्पण कर देना ही अंतिम उपाय होता है। पराजय के दंश भोगते हुए, निराशा, कमजोर क्षणों को व्यक्त करती पीड़ा है "हार गई मैं"

हार गई मैं लड़ते लड़ते, थक गई हूं जूझते जूझते,
गिरते पड़ते और संभलते,
रिश्तों को समझते समझाते।
सबको खुश करने की चाह में, स्वयं को ही खो दिया,
क्या थी मैं यह याद नहीं, पसंद ना पसंद सब बिसरा दिया।
हार कर अब कर दिया समर्पण, कहना सुनना छोड़ दिया,
घुटी घुटी सी देखूं तमाशा, नहीं बची कोई अरमान और आशा।
अब ना है कोई उम्मीद किसी से,
ना है अपनेपन की अभिलाषा,
निकल गया यूं जीवन सूना रीते सरोवर सा रह गया।
अब ना होता चित्त अशांत,
ना ही है भावों की हलचल,
न बचे हैं गिले शिकवे,
शांत जल सा सिमट गया।
अब ना कोई शिकायत मुझसे,
ना है कोई कमी मुझमें,

हर रिश्ता हर बंधन खुश है,
सबका मन खुश हो गया।
करती हूं मैं सबके मन की,
अपने मन को मना लिया,
अंतर्मन में जो दफन हुआ,
घुट घुटकर जो मर गया,
घाव जो रिसते हैं कभी,
नैन नीर से भर गया,
अपने आंचल में समेट कर छुपा लू ,
और कह दूं, दामन खुशियों से भर गया।
कोई ना अब देख पाएगा, ना कोई समझ पाएगा,
गहन अंधेरा, गहरा सन्नाटा, इस भीड़ में खो जाएगा,
बची हुई जो सांसे हैं, जीवन यूं ही निभ जाएगा
निशब्द, निशांत,नितांत यह जीवन अब यूं ही कट जाएगा,
जीवन अब यूं ही कट जाएगा।

14. मौन की भाषा

कहते हैं जो आपको समझता है और विश्वास करता है उसे तर्क देने की आवश्यकता ही नहीं पड़ती है। जो आपको अज्ञानता के अविश्वास से देखता है उसको लाख सफाई दो, शब्द निरर्थक हो जाते हैं। ऐसे में चुप रहना ही अचूक उपाय होता है।

प्रिय पाठकों, पढ़कर, चिंतन करें, समझें और प्रयोग कीजिए "मौन की भाषा"

मौन की भी अपनी ही एक भाषा है, पढ़ कर तो देखिए,
मौन रहकर भी बहुत कुछ कहा जा सकता है,
कह कर तो देखिए।
शब्द जहां अर्थहीन हो जाए मौन वाण चला कर तो देखिए।
अतिक्रमण जब करने लगे शब्द और बोल,
मौन की लक्ष्मण रेखा खींच कर तो देखिए।
निशब्द रहे, एक दूरी सी बना लें,
बिना कुछ कहे सुने ही मनोभाव प्रकट करके तो देखिए,
बहुत ही शक्तिशाली है, अमोध्य है,
मौन की भाषा,
जहां शब्द हार जाएं अचूक होती है मौन की परिभाषा,
बिना बोले कर देती है घायल,
हिला कर रख देती है तन और मन,

जब शब्द होने लगे अनदेखे, अनसुने,
अपने कद को और मान को ना छोटा करें,
बस दो कदम हट जाएं पीछे,
चुप रहकर ही सब कुछ कह दें।
ना रहे व्यथित न रहे बेचैन,
धीरज धरकर करें सामना,
चुप्पी साध लीजिए,
शांत रहने का मार्ग अपना लीजिए,
अंततः हर हाल में मनचाहा होगा,
बस एक बार,
मौन को परख कर तो देखिए,
मौन की भी अपनी ही एक भाषा है,
आजमा कर तो देखिए।

15. मम्मी ओ मम्मी

परिवार की धुरी होती है मां, सभी की खुशियों का आधार होती है मां, सुख दुख के प्रत्येक क्षण की निस्वार्थ साथी है, परिवार को एक सूत्र में बांधे रखने के प्रयास में इस डगर कभी-कभी कठोर शूलों की चुभन भी महसूस होती है। हल्के-फुल्के हास्य का पुट लिए कविता है "मम्मी ओ मम्मी"

मम्मी ओ मम्मी
सच कह रही हूँ,
मम्मी बनना बड़ा ही मुसीबत का काम है,
यूं ही नहीं कह रही कम से कम सौ मम्मीयों से बात करी,
सबका एक सा हाल है।
बेटा कहता है, तुम बस पापा की ही सुनती हो,
पापा बोले तुमने ही बेटे को सर चढ़ाया है,
बेटी बोले तुमको तो बस भाई ही भाता हैं,
और बेटा बोले, बेटी के आगे कुछ नजर नहीं आता है।
लंच और डिनर पर क्या बनेगा, यह यक्ष प्रश्न रोज हर मां के समक्ष आता है,
और जो भी बने सुरसा का मुंह खुला का खुला ही रह जाता है।
सारी उलझनों और शिकायतो से मां का दामन भर जाता है,
फ़िर इसी दामन में से फरमाइशों का पिटारा भी खुल जाता है।

यूं तो मम्मी की डांट किसी को भाती नहीं,
पर कहीं चले जाओ तो कितनी देर कर दी आती क्यों नहीं?
सारा दिन फोन पर बतियाती हो और सीरियल देखती रहती हो,
पर जब साथ बैठो तो मोबाइल के आगे किसी को मम्मी नजर आती नहीं।
बड़ी कठिन अग्नि परीक्षा है असंख्य उम्मीदों को पाला है,
पर सच कहूं तो यह नोकझोंक और प्यार भरी मनुहार,
हर मां का है जीवन रस जीने का आधार,
भरा पूरा रहता है मम्मीयों का परिवार,
इसी में रच बसकर घर में हैं आई बहार,
यह खिलखिलाहट, यह चुलबुली सी आहट,
इन्हीं रौनकों से सज गया है हर मां का घर संसार।

16. पुन;पुनः कर प्रयास

हम सभी को जीवन में कभी ना कभी पराजय से रूबरू होना ही पड़ता है। कोई नहीं है इस धरा पर जिसने पराजय के कटीले दंश की पीड़ा को ना झेला हो। निराशा के घने बादल जब घिर जाए, मन के चारों और घनघोर अंधेरा छा जाए, यही वह समय है जब जीवन अग्नि परीक्षा लेता है।

ऐसे में आशा ही वे संबल है जो पुनः प्रयासरत होने का साहस प्रदान करती है। आशापूर्ण भावों से ओत प्रोत है कविता "पुनः पुनः कर प्रयास"

सूरज कब छिपा है घटाओ के घिर जाने से,
उजियारा होकर ही रहता है अंधेरी निशा के बीत जाने पर,
गिरना कोई गुनाह नहीं, हार जाना कोई अपराध नहीं,
पछताना नहीं धकेले जाने पर या पराजित हो जाने पर।
चाहे कितनी ही हो बाधाए या चट्टानें रोके रास्ता,
सागर से मिलकर रहता है निरंतर बहकर जल प्रवाह।
यह जो तेरे सपने है नित्य तुझे बुलाते हैं,
मेहनत से परिपोषित कर, आशा का संचार करें।
ना दुख, ना चिंता, ना होना निराश और हताश,
स्वयं को ना कमजोर समझ यह नहीं तेरा अंतिम प्रयास।
फिर एक और कोशिश कर आगे कदम बढ़ाना है,

भागीरथी है शक्ति तेरी, हर हाल में लक्ष्य को पाना है।
हो क्षत विक्षप्त तो ठहरो, कुछ पल कर लो विश्राम,
फिर नवीन आशा से, पुनः पुनः कर प्रयास।

17. मुखौटे

छल कपट, बनावट, चापलूसी से भरपूर संसार में इन्हीं गुणों का कूट-कूट कर उपयोग जाना सफलता के लिए अति आवश्यक है। ऐसे ही बदलते मूल्यों पर व्यंग्य करती है कविता "मुखौटे"

मुखौटे ले लो मुखौटे... मुखौटे ले लो मुखौटे
अल सुबह-सुबह एक मोहिनी आवाज बरबस खींचे अपनी ओर,
ले लो..ले लो..ले लो
..ले लो,
कोतुहल सौ बार खींचे बाहर की ओर,
देखा तो एक वृद्ध था बेच रहा था मुखौटे,
मुखौटे! यह भी भला कोई बेचता है क्या?
चौक गया में,
पहुंच गया मैं देखने तुरंत,
बोला, भैया क्या-क्या है आपके पास?
बोला साहब जी, ले लो मुखौटे, चलन है इनका बहुत खास,
बाजार में है डिमांड में,
बिकते हैं यह हाथों हाथ,
नित नया आता है माल मेरे पास।
यह देखिए यह है, "बनावट का मुखौटा"
असल को छुपाइए, नकली जी भर बिकता है,

और...यह बहुत चर्चा में है,
झूठ और धोखेबाजी, मक्कारी चालाकी,
सभी बिक जाते हैं हाथों-हाथ,
ले जाते हैं लोग, एक नहीं कई कई एक साथ,
लगाकर मुखौटे पायें सुख और चैन,
जीवन जीने का अनोखा अंदाज।
यह रंग-बिरंगे, सुंदर सजीले, भांति भांति और प्रकार,
सज गए हैं सभी हर तरफ,
इंद्रधनुष सा हो हार।
हर प्रकार के मुखौटे देखे हर तरफ से इनका जोर,
पर भैया जी, सच्चाई का मुखौटा, है कहां किस ओर?
अचानक सिर उठा कर जो देखा उसने मेरी ओर,
बावले गांव में ज्यू ऊंट आ गया हो इस ओर,
क्या कहते हो! बाबूजी, किस दुनिया से आए हो?
सच को भी कब से मुखौटे का लेना पड़ा ठोर!!
सच तो स्वयंमेव प्रकट है, नहीं ढक सकता है कोई कोर,
हाय; अफसोस अब तो यह बिल्कुल विलुप्त, कहा से लाऊ?
र मैं बेचता हूं मुखौटे, जीवाश्म कहां से पांऊ?
मृत है यह शब्द, अपनाने का ना कोई शोर है,
इस राह पर जो चला वो मारा गया बेमौत है,
अब तो यह ना मिलता है,
न बिकता है,
यह वह रात है जिसकी हुई ना कभी भोर,
और वह कह न सका, वह दर्द मैंने सुन लिया,
दबी, घुटी, धीमी आवाज, थके कदमों से वह आगे बढ़ गया,
सोच में पड़ गया मैं, हाय यह क्या कह दिया,

जीवन मर्म और
कटु सत्य चहुं ओर फैला गया।

18. आ अब लौट चलें

सीधा-साधा जीवन, शुद्ध प्रेम से लबालब भरे मानवीय संबंध, यही है सच्चा सुख। सादगी पूर्ण जीवन, मिट्टी से जुड़ी संस्कृति, काश हम पुनः जी पाते पुराने दिन।
यादों के सागर में गोते लगाते हुए मनोभाव हैं "आ अब लौट चलें"

गगनचुंबी अट्टालिकाओं में दम घोंटती ऊंचाइयां है,
बेतहाशा भीड़ है और एक बेबस सी तन्हाई है।
लिपे पुते चेहरों पर जहरीले बनावटी भाव है, चकाचक रोशनी में अनंत गहरायी कालिख है।
वातानुकूलित कमरों में भी उखड़ रही सांसों का अंबार है,
कुटिल चालें और दोहरे मापदंड दुर्योधन सा संसार है।
मन से बहुत व्यथीत, कंटीली सी राहे थी,
तब जख्मों पर घड़ियाली आंसू बहाते, नमक छिड़कती मीठी बातें थी,
आत्मा तक को छील दिया, तिल तिल मन मरकर,
वीरान खंडहर हुआ,
जब तक टूटे रहे, मरणासन्न रहे, झूठे रिश्तों ने लाशों पर उत्सव खूब किए।
साहस संजीवनी जुटा, जीवित हुए, जीजिविषा जब जागृत हुई,
चैतन्य हो संभल गए, जीवन राह पुनः चल पड़ी।
एक दिन एक नन्ही खुशी से अधरों पर मुस्कान आई,

काले बादलों के पार मानो आशा की सुनहरी रश्मियां छाई।
तब यह नकली चेहरे, बेनकाब दूर होते चले गए,
सांप से सूंघ गए, भीनी मुस्कान से भी घायल हो गए,
नज़रे चुराते, बगले झांकते, कट कट कर निकल गए,
पुनः एक बार, कटु सत्य के डंके ढिंढोरे बज गए।
याद आ गया मुझको वह पुराना, प्रगति पूर्व का दौर,
सादगी और सच्चाई जहां,
अपनापन था चहु ओर,
वह माटी की सोंधी खुशबू और थी तारों की छांव,
निश्चल सी खिलखिलाती हंसी, प्यार भरे सीधे साधे थे भाव,
वो पेड़ों की छांव में लुका छुपी खेलता बचपन,
मटकी का शीतल जल, तृप्त कर देता था तन और मन,
सादा सा जीवन था पर ऊंचे थे विचार,
उदार थे दिल, मन में ना था कोई विकार,
ना कुचल कर आगे बढ़ने की अंधी दौड़,
ना खंजर करते थे रिश्तों को लहूलुहान,
क्या हासिल इस दौड़ से, क्या हार गए इस विजय हार में,
लगता है फिर लौट चलें वही पुरानी गलियों में,
कुछ कदम पीछे हटकर ही सच्चा सुख पाया है,
मन का सुकून और झोली भर खुशियां, जब से जीवन में सरलता को
अपनाया है।

19. बैठकर निहारा करें

प्रत्येक व्यक्ति का विशिष्ट व्यक्तित्व होता है और यही उसकी पहचान भी होती है। प्रत्येक मनुष्य के हाव-भाव और बोलने का सलिका, शब्दों का चयन, उसकी सोच का परिचायक होता है। विश्लेषण करके देखिए सकारात्मक और नकारात्मक दोनों प्रकार के परिणाम आपको चौंका देंगे। व्यवहार और मनोविज्ञान के गहन संबंधों पर आधारित है कविता "बैठकर निहारा करें"

एक दिन में यूं ही बैठा था,
शांत, विचारहीन.....एकांत,
धीरे-धीरे लोग आकर बैठने लगे
और मैं यूं ही देखता रहा लोगों को,
हाव-भाव, चलने का बोलने का ढंग।
देखा मैंने, हर एक का है एक अलग ही अंदाज,
चेहरे के उतार-चढ़ाव,
हाथ हिलाने का और करने का कामकाज।
जाना मैंने अनूठा सा गहरा नाता है, पहचाना मैंने बाहरी व्यवहार में
एकदम झलक जाता है,
भीतरी सोच और मानसिकता का रंग।
यकायक मेरी मनस्थिति बदल गई, माहौल मस्त, रुचिकर हो गया,
जो मैंने देखा, समझा, विश्लेषण किया,

अत्यंत ही मजेदार सा हो गया।
अब तो मैं यही करता हूं और सबको भी यही कहता हूं,
अक्सर बैठ जाता हूं यूं ही निर्विकार
विचारशून्य,शांत और निशब्द,
किसी भी भीड़ भरी जगह पर,
चोराहों, विवाह समारोह या कार्यालय का लंच टाइम,
बैठकर चुपचाप निहारा करें लोगों को और उनके चेहरों को,
देखें और पढ़ने का प्रयास करें,
भाषा के उतार चढ़ाव और भाव-भंगिमा को।
धीरे-धीरे मानव व्यवहार के सिद्धांत मूर्त रूप में प्रत्यक्ष हो जाएंगी,
नकाब के भीतर छिपी परतें खुलकर
साक्षात समक्ष प्रस्तुत हो जाएंगी।
कुछ तो कोने में बैठे समूह में खुसर-पुसर से करते मिलेंगे,
दोगले से व्यक्तित्व पर सदैव बनावटी लीपा पोती करते रहेंगे,
यही वो है पीठ पर खंजर घोंपतें होंगे।
कुछ मिलेंगे दिल खोलकर हंसने बोलने वाले,
छेड़छाड़ और हास्य व्यंग्य से वातावरण के सुरीले सप्तक बिखरते हुए,
दर्पण सा मन, सत्य की राह का दर्द हंसी में समेटें हूए।
कुछ तो सदैव ही मूकदर्शक रहस्यमयी सी छवि लिए,
जीवन की रेस में प्रथम आने के ताने-बाने बनते हुए,
हृदय में छल कपट का कलुषित भंडार भरे हुए।
आप भी देखिए, समझिए परखिए, कैसा-कैसा हुनर है छुपा,
इन्हीं बाहरी हलचलों से पढ़ सकते हैं मन की भाषा।
कुछ ही समय में यह खेल रोचक होने लगेगा,
जैसा सोचा वैसा ही पाया, यह देखकर मन प्रफुल्लित तो उठेगा,
फिर ना रहेगी बनावट की शिकायत, ना झूठ फरेब का उलाहना,
खुद ब खुद ही समझ जाना अपने आस पास को,

ना कभी उलझना ना बिगड़ना,
बस जीवन डगर पर देख भाल कर, सबसे बचकर,
संभल संभल कर आगे बढ़ते जाना।

20. जी भर जिया मैंने

परिवार और संबंध जीवन को मधुरता और परिपूर्णता प्रदान करते हैं। हर रिश्ते की अपनी अहमियत और उससे जुड़ी हुई खुशियां होती है। ऐसे ही अपनों और अपनेपन से भरी हुई हंसती खिलखिलाती जीवंत पंक्तियों को साधे हुए हैं कविता "जी भर जिया मैंने"

बचपन की वो मीठी यादें उछल कूद और अठखेलियां,
मां की ममता बेशुमार, पिता का स्नेह भरा हाथ शीश धरा।
भाई बहनों का संग साथ और मासूम सी शैतानियां,
अल्हड से किस्से और रात भर चलती बतिया।
इधर-उधर और चहुं ओर दौड़ते भागते, खेलते कूदते,
कभी पढ़ने, कभी हंसते, बढ़ चला जीवन नई दिशा की ओर।
जीवनसाथी संग मधुमास और नए रिश्तों का आशीर्वाद,
स्नेह, अपनापन और प्यार, बांह पसारे महक गया जीवन आंगन।
फिर मातृत्व के एहसास से नव सृजन स्वप्न साकार हुआ,
जीने के अंदाज बदल गए,
मन वृंदावन हो गया।
संगी साथी मित्र और सखियां सभी कुछ भरपूर है पाया,
हर रिश्ते से प्यार मिला जीवन इंद्रधनुष सा सज गया।
कसौटी पर कस कसकर हर संबंध कुंदन हुआ,
जीवन स्वर्ण, अग्नि ताप में निखर निखर चमक गया।

नतमस्तक उस परमशक्ति को, जिसने सांसों का अनमोल वरदान दिया,
आभार है हर एक का, जिसने जीवन संबल आधार दिया।
कण कण, क्षण, प्रतिपल सभी कुछ है जी भर जिया,
अनमोल है साथ सभी का, सबसे बेशुमार है प्यार मिला।

21. जिंदगी फिर मुस्कुरा उठी

यूं तो जीवन में परेशानियां और संघर्ष निरंतर चलते ही रहते हैं।
वस्तुतः समस्याएं हैं जीवित रहने की निशानी भी है।
छोटे-छोटे पलों में खुशियां ढूंढ लेना ही जीवन को अनमोल बनाते हैं।
हर हाल में चलते रहना और हर परिस्थितियों में मुस्कुरा देना ही है
कविता "जिंदगी फिर मुस्कुरा उठी "

हम सब ने जिंदगी को मुस्कुराते हुए देखा है,
चिलचिलाती तपती दुपहरी सी जिंदगी में सावन की मीठी फुहार की
ठंडक लिए,
इस सुख को असंख्य बार जिया है।
नन्हे कदमों से ठुमकते बाल गोपाल, ठोकर खाकर गिर पड़े,
वह आंखों से बहती अश्रु धार को मिला माता-पिता का लाड,
या दादा दादी का दुलार,
और बस जिंदगी मुस्कुरा उठी...
भूख से कुलबुलाता बचपन हो,
या पढ़कर लौटे नोनीहाल,
मात्र कुछ अंकों से रह गए सपने अधूरे,
मुंह लटकाए चले आए आंखों के तारे,
या कठोर धरातल पर रो पड़ी,पापा की परी,
गले लगकर कंधों पर जो कोमल थपकी मिली,

हौसला बुलंद हुआ और
जिंदगी फिर मुस्कुरा उठी...
घर छोड़ने का दुख हो या दोस्तो, सहेलियां छूटते बिछड़ते,
बहन का साथ हो या भाइयों का हाथ,
आंखों में सपना लिए आगे बढ़ाने की घबराहट,
और हम छोड़ने चल रहे हैं ना साथ,
बस पापा का पकड़ा हाथ और
जिंदगी एक बार और मुस्कुरा उठी ....
ससुराल की वह पहली रसोई,
चुपके से ननद भाभियों का आ जाना,
सब कुछ बना बनाया सजा कर रख जाना,
प्रियतम का सब जानकर भी तारीफें कर देना,
बेकाबू धड़कनों में भी बस
जिंदगी एक बार फिर मुस्कुरा उठी...
घर बार, नौकरी, बच्चों की फरमाइश
कभी पैसों की चिंता, कभी साफ सफाई का रोना,
भूल कर स्वयं को सब में खपा दिया,
दुखने लगी कमर और सर दर्द भी हो गया,
बच्चों के नन्हे नन्हे कोमल हाथों ने जब सहलाया,
ममता के आंसुओं से भीग गई,
दर्द हवा हो गया,
और जिंदगी फिर मुस्कुराने लगी,
कई बार बनते बिगड़ते रिश्तों में उलझ गए,
जिनको बहुत प्यार दिया वही ठगे से रह गए,
बिखरी उम्मीदों के खरोचों पर लहू लुहान चलते रहे,
ऐसे में नई सोच की नजर से दुनिया देखने लगी,
कठोर धरातल पर बिना घायल हुए चलने का संबल मिला,

और जिंदगी फिर मुस्कुराने लगी....
मैं ही क्यों हर मानव मात्र की यही सच्चाई है,
तपती जलती धूप के बाद ही बरखा आई है,
गहरी काली अंधियारी निशा का अंत,
एक टिमटिमाते आशा की लौ ने ही रोशनी बिखराई है,
हर पतझड़ के बाद बसंत,
घनघोर अंधियारी रात का अंत,
कई अपने बिछड़ गए,
तो कुछ नए अपने जुड़ गए,
सांसों की सरगम यूं ही चलती रहे,
और जिंदगी यूं ही मुस्कुराती रहे....!

www.ingramcontent.com/pod-product-compliance
Lightning Source LLC
La Vergne TN
LVHW050821051026
849532LV00008B/3059
* 9 7 8 9 3 7 2 1 3 6 8 3 8 *